EXTRAIT DE LA
Revue de Bretagne

GRANDS GESTES D'ARMOR

ROOSEBEKE

1382

PAR

LE COMMANDANT DE MALLERAY

PARIS
HONORÉ CHAMPION
LIBRAIRE ÉDITEUR
5, quai Malaquais, 5

NANTERRE
M. LE DAULT
LIBRAIRIE BRETONNE
76, rue Saint-Germain, 76

VANNES
LAFOLYE FRÈRES, ÉDITEURS
2, place des Lices, 2

1907

EXTRAIT DE LA
Revue de Bretagne

GRANDS GESTES D'ARMOR

ROOSEBEKE

1382

PAR

LE COMMANDANT DE MALLERAY

PARIS
HONORÉ CHAMPION
LIBRAIRE-ÉDITEUR
5 quai Malaquais, 5

NANTERRE
M. LE DAULT
LIBRAIRIE BRETONNE
76, rue Saint-Germain, 76

VANNES
LAFOLYE FRÈRES, ÉDITEUR
2, place des Lices, 2

1907

GRANDS GESTES D'ARMOR

ROOSEBEKE
1382

« Je me lo des Bretons, car il m'ont toudis servi loiaument et aidié à garder et à deffendre mon roiaulme contre mes ennemis..... Et faites li seigneur de Cliçon connestable de Franc, car, tout considéré, je n'y sai plus propice de li (1). »

C'est en ces termes que Charles V mourant recommandait à son fils un des meilleurs hommes de guerre qu'ait produits la Bretagne : Clisson, un peu oublié aujourd'hui, parce que la grande figure de son compagnon d'armes Duguesclin l'a éclipsé, lui a fait tort devant l'histoire. Beaucoup ne voient, en ce hardi batailleur parfois brutal et sanguinaire, qu'une sorte de boucher d'Anglais ; ils sont tentés de lui refuser le titre d'habile capitaine. Ils se trompent. L'étude de la bataille de Roosebeke est à cet égard des plus convaincantes. Le connétable remporta là, en même temps qu'une très grande victoire, un des plus étonnants succès qui aient jamais couronné les efforts d'un tacticien. Grâce aux ressources d'un art militaire consommé il sut tirer des circontances un tel parti qu'en une action de quelques heures il détruisit une armée puissante, réduisit à merci un adversaire fier de lui même, et justifia la confiance du plus sage de nos rois.

(1) Froissart, Liv. II, § 165.

Avant de gagner Roosebeke, situé à portée de Courtray, il faut s'arrêter dans cette dernière ville et la
parcourir pendant quelques heures. Ce n'est point du
temps perdu. On y trouve plus d'un souvenir instruc-
tif. Les cités flamandes sont conservatrices. Presque
toutes possèdent encore des témoins de l'époque brillante où elles constituaient dans le comté d'indus-
trieuses petites républiques aux trois quarts libres,
jalouses de leurs privilèges, et administrées par un
conseil de nobles bourgeois. Pour être de pierre ces
témoins vénérables n'en sont pas muets cependant. A
ceux qui leur prêtent une oreille attentive ils parlent
d'un passé très curieux qu'ils aident à mieux com-
prendre.

D'aspect aimable et propre, Courtray donne dans ses
quartiers modernes une impression d'aisance calme et
tranquille. On y file, on y tisse comme dans toute bonne
cité flamande. On y ouvre des dentelles renommées.
D'importants monuments témoignent de la prospérité
actuelle à côté d'édifices plus anciens portant la marque
de l'opulence passée : l'hôtel-de-ville entre autres très
harmonieux avec ses fenêtres arrondies, son peuple de
statues nichées sous dais ouvragés, sa balustrade à
jour ornée de pinacles, sa riche parure de broderies légères.

A l'intérieur un tableau représente précisément
l'assemblée de ces nobles bourgeois, gouverneurs de la
ville à l'époque qui nous intéresse, ce sont gens de
métier : drapiers, poissonniers, brasseurs de miel comme
Arteveld, aussi opiniâtres à se disputer les affaires com-

merciales qu'à guerroyer contre les voisins, amateurs aussi des plantureuses bombances s'il faut en croire le modelé gras de leurs joues, leur mine épanouie, les plis fourrés de ruse et de sensualité qui s'épanouissent autour de leurs yeux malins. A les regarder on trouve pleine de saveur, la boutade du grand Frédéric : « Voilà comme va le monde : il se gouverne par compères et par commères ».

La salle de délibérations de ces joyeux compères, puisque compères il y a, est belle. Son principal ornement réside dans une cheminée magnifique en ogival flamboyant dont le puissant linteau supporte une triple rangée de sculptures. La hiérarchie morale s'y trouve scrupuleusement respectée. En haut trônent les vertus ; au-dessous sont les vices. Entre eux Nos Seigneurs les conseillers étaient libres de faire un choix. Au dire des chroniqueurs ils ne prenaient pas tous exemple sur le fils d'Alcmène et la cheminée symbolique éclaira souvent tout autre chose que des pastorales. Quand Philippe Arteveld séjourna ici, avant la bataille de Roosebeke, il y tint véritable état de prince. Maître de la vaisselle d'or et d'argent du comte qu'il avait chassé, il faisait corner et sonner par ses ménétriers devant son hôtel à l'heure des repas. Vêtu de sanguine et d'écarlate, fourré de menu vair, il donnait aux dames et aux demoiselles des soupers, des dîners et des banquets.

Sentant l'orage gronder du côté de la France, pénétré de l'incertitude de sa situation, il se hâtait d'en jouir. Notre noblesse « se courrouçait fort de voir telle ribaudaille gouverner le Comté de Flandre qui relevait de la couronne ». Le petit roi Charles VI et les Seigneurs de Fleurs-de-Lis, ses oncles, levaient une armée. Arteveld, homme médiocre, qui devait plus à la renom-

mée paternelle qu'à ses mérites propres, chercha « aide
et renfort » du côté de l'Angleterre, mais en lui récla-
mant en même temps une vieille dette de 200.000
écus (1) contractée jadis par le roi Edouard. Suprême
maladresse ! Il n'est pire sourd, que celui qui ne veut
rendre. On le lui fit bien voir, en le laissant tout seul
en face de la « puissance » du roi de France.

*
* *

De l'Hôtel-de-Ville, gardien jaloux de tous ces souve-
nirs on gagne le beffroi, vieux monument respectable,
en briques noircies, pâtinées par le temps, couronné d'un
diadème de cinq campaniles aigus, où nous retrouvâmes,
dit la chronique du bon duc Loys de Bourbon,
après notre victoire de Roosebeke, les éperons d'or
enlevés à nos chevaliers dans la funeste journée de
1302. En dépit de cette affirmation, les Flamands pré-
tendent posséder encore ces trophées si précieux pour
eux et pour leurs « hoirs », et qui, mieux que de longs
traités, témoignent du degré de puissance militaire
auquel ils avaient alors atteint.

Après de vaines recherches, dans le but de les
contempler, je gagnai par un dédale de petites rues
tranquilles, de placettes ombragées, tout au long de
béguinages silencieux et discrets, les bords de la Lys
qui, la ville arrosée, s'enfuit dans la campagne sous
les arches moussues d'un très vieux pont flanqué de
tours massives : le Broël-Thoren.

« Le vingtième jour de novembre, de l'an de grâce
1382, dit Froissart, le jeudi avant le samedi de l'avent »,

(1) Des *vies* escus, dit Froissart.

c'est-à-dire le soir même de la bataille de Roosebeke,
il s'encombra de pitoyable façon de la foule éperdue
de fuyards flamands. Lancés à sa poursuite, les
nôtres, galopant à fond de train ivres de joie, de
vitesse et de sang, franchirent la Lys en quelques
foulées puis « prindrent par la rue du Pont où estaient
« les plus belles maisons, s'y logèrent et gaignèrent
« moult biens ». Bons coups et bons prouficts, telle
était la conception du soldat de cette époque. De
consentement unanime la guerre devait nourrir et
enrichir le guerrier. Notre idéal, grâce à Dieu, s'est
quelque peu élevé depuis.

Cet ost flamand en dissolution avait défilé sur le
Broël-Thoren, quelques temps auparavant en très bel
appareil, alors qu'il accompagnait Arteveld dans son
premier séjour ici. La puissance du Régent de Flandre
était à ce moment fort redoutable. Son infanterie pas-
sait pour la meilleure de l'Europe. M. Henri Delpech,
dont les études sur l'art militaire au XVIe siècle sont si
dignes d'attention, y voit le modèle accompli des troupes
à pied de ce temps.

« La population de cette riche province — la Flandre
— avait en effet, observe-t-il, au plus haut degré le
sentiment de l'effet collectif. Sa longue pratique du
travail industriel, associé par les corporations, avait
ajouté à cette tendance naturelle une prédisposition en
faveur de la guerre méthodique. Grâce à la forte orga-
nisation des métiers, la vie en commun, l'esprit de
corps, le respect de la hiérarchie avaient développé
dans ce milieu l'idée de la discipline militaire. L'atta-

chement de l'ouvrier pour ses bannières religieuses, portant les armoiries de son métier, l'initiait à la règle du ralliement au drapeau. L'existence telle qu'on la pratiquait dans ces immenses halles, où chaque industrie avait sa vie collective, ses chefs, sa police, peut-être même ses dépôts d'armes, n'était pas sans analogie avec l'existence actuelle de la caserne. »

Les premiers ils donnèrent l'exemple d'une troupe vêtue uniformément. Chaque ville habillait son contingent à ses couleurs et c'était un mélange pittoresque de pourpoints rayés de jaune et de bleu, chevronnés de noir et de blanc, ondoyés de vert et d'azur. Sur cet ensemble si gai flottait encore un pavois de flammes étincelantes brodées de devises et d'emblèmes, et comme une fraîche mosaïque faite des bannières multicolores de métiers.

Les armes étaient belles et les machines de guerre en parfait état. Les « bonnes cités » ne lésinaient point sur l'article coûteux des « engins à pouldre » et les Gantois entre autres s'étaient constitué une artillerie légère fort ingénieuse, montée sur brouettes bardées de fer, et pourvue de masques protecteurs derrière lesquels se blotissaient les servants, tout comme ceux d'aujourd'hui le font derrière les boucliers d'acier chromé.

Cette armée, parfaitement organisée, vint se ranger devant nous le 20 novembre 1382 sur le Mont d'Or — le Goldenberg. — Enivrés par le souvenir de la journée des Eperons, fiers de leur outillage perfectionné et de leur bonne mine, remplis de l'enthousiasme passionné qui les avait soulevés, les Flamands comptaient bien encore briser net l'élan de la gendarmerie française avec leurs grandes piques hautes de 18 pieds qu'ils fichaient solidement en terre la pointe menaçante.

Je ne trouvai point facilement l'emplacement exact de la bataille. Peu de gens le connaissent : tout cela est si vieux ! Outre qu'il existe deux Roosebeke souvent confondus par les cartographes et les historiens (1), les plans, anciens et modernes, placent le Goldenberg entre Courtray et Roosebeke, parce que Froissart fait coucher le roi, dans cette dernière localité, le soir qui précéda l'action. Evidemment la simplicité des temps empêcha le connétable de Clisson d'attacher à l'avant-garde de son « ost » quelques officiers topographes : d'où l'erreur qui me fit chercher longtemps un mont dans une région très plate et dont tous les habitants doivent être de fougueux adeptes de cette Ligue pour le développement de la langue flamande continuatrice sur le terrain linguistique de la lutte séculaire menée contre l'attirance française et les forces centralisatrices. A mes questions ils répondent en flamingant. De guerre lasse je termine par où je devais commencer et gagne Roosebeke éloigné de quelques kilomètres. La Fortune m'y sourit enfin en me procurant, dans la personne d'un vieil instituteur retraité, le plus vénérable et le plus complaisant des guides, le plus documenté aussi car il a précisément composé jadis une étude sur la bataille de 1382.

Le Goldenberg s'élève à l'ouest et non à l'est de Roosebeke (2), ce qui s'accorde, sinon avec Froissart,

(1) Le nôtre s'appelle West Roosebeke.
(2) Il n'est donc pas entre eux Courtray et Roosebeke.

du moins avec le chroniqueur du bon duc Loys lequel fait « délouger le roi d'Ypre pour tirer vers Bruges la veille du 20 novembre ». Simple mouvement de terrain, la butte d'un profil assez large dominant d'une quinzaine de mètres à peine, le terrain environnant auquel la relie une pente uniforme et douce, offre le type parfait des positions recherchées au moyen-âge par les généraux dont l'infanterie faisait la force. On s'y formait en masse profonde hérissée. En arrière des piquiers bien ramassés à l'abri des grandes targes et genou en terre, les arbaletiers se groupaient par couples, l'un chargeant, l'autre tirant, et décochaient une pluie de carreaux.

On épuisait ainsi de son mieux la force de la gendarmerie assaillante pendant que sa propre cavalerie attendait, au centre de la formation, le moment de dévaler et d'attaquer à son tour ; on heurtait alors un adversaire fatigué et cela avec une force accrue par la vitesse acquise. C'était une application tactique de l'axiome mécanique bien connu que traduit la formule MV^2.

Du sommet de ce mamelon, on jouit d'un panorama calme et reposant : celui de la grasse Flandre qui s'étend au loin verdoyante et ondulée. Le village de Panchendaële coiffé d'ocre, le ruban argenté de la route d'Ypres par où déboucha l'armée française, quelques bosquets arrondis, des maisons de briques semées çà et là, contribuent à former un décor champêtre dont la couleur et la grâce enchantent.

Sur la gauche mon guide me montra des bouquets clairsemés où s'abritèrent les gens d'Arteveld la nuit qui précéda l'action. C'est l'Engelsveld des gens du pays, le champ des Anglais. Pourquoi ce nom puisque le contingent britannique se réduisit, à cause de, la maladresse diplomatique d'Arteveld, à 200 archers directement attachés à sa personne? On ne saurait dire, mais il est certain que Philippe y servit à souper « grandement et largement à tous ses capitaines ». Il leur tint un beau discours : « Demain, dit-il, nous aurons affaire gaignée et l'honneur sera cent fois plus grand que si nous avions le secours des Anglais .. Qu'on ne fasse aucun prisonnier si ce n'est le roi de France... car c'est un enfant. Nous l'amènerons à Gand pour apprendre à parler flamand »... Ligue flamingante hostile au développement de la langue française, serais-tu donc de fondation plus ancienne que tu ne l'imagines et germais-tu déjà dans l'esprit des bonnes gens du XIVe siècle ?

Puis le Régent développa ses intentions. On devait s'organiser serrément comme à la journée de Courtray, les gens se tenant les uns les autres par le bras, les piques baissées formant une sorte de hérisson gigantesque destiné à heurter « si asprement l'adversaire » que celui-ci en serait tout disloqué.

En présence d'une formation si condensée, le connétable de Clisson prit les mesures les plus habiles et les plus propres à utiliser les qualités natives de notre soldat : la souplesse, l'agilité, les dispositions manœuvrières. Il n'abandonna point l'ordre en haie, en dépit de certains conseillers, car il le jugeait trop conforme au génie de notre race, mais il renforça puissamment son centre qui devait supporter le choc de l'énorme bélier flamand si celui-ci prenait l'offensive — ce à quoi il espérait bien l'amener — et par conséquent commettait une faute irréparable. L'infanterie, à cette époque, devait se tenir au début d'une bataille, dans une stricte défensive quand elle avait à combattre de la cavalerie.

Pour amener les Flamands à l'abandon de leur tactique rationnelle, Clisson refusa les ailes de façon à faire illusion sur sa véritable force, puis il sema sur son front un corps important d'archers et de gens de trait, de machines légères, de perdriaux, d'espingoles destinés à escarmouches et à irriter l'adversaire, à faire pleuvoir sur lui une grêle de ces traits dont les bons archers décochaient jusqu'à douze à la minute. Le gigantesque hérisson ne saurait sans doute résister à la tentation de se mouvoir afin de secouer toute cette nuée de moucherons importuns pour ensuite défoncer, d'un seul coup de boutoir, la maigre armée dont ils prétendaient appuyer et voiler la faiblesse.

D'autant que la proie était tentante. La présence du jeune roi de 14 ans et des seigneurs de Fleurs-de-Lis ses oncles, le désir de venger la journée des Éperons, la soif des aventures orageuses avaient groupé autour de l'oriflamme la fleur de la chevalerie française. Fidèle à la tradition, encore aujourd'hui respectée, de se faire beau pour combattre, chaque chevalier avait revêtu sa cotte d'armes la plus brillante. Soigneusement polie par les écuyers, les armures reluisaient au soleil ; par dessus les heaumes surhaussés flottaient les pennons chargés d'armoiries multicolores et d'emblèmes ; aux flancs des chevaux, battaient les housses brodées et rebrodées d'or, les soies fastueuses, les lourds caparaçons.

Les Flamands donnèrent impétueusement dans le piège. C'étaient, raconte Froissart, les plus forts, les plus hardis, les plus courageux, et qui tenaient le moins à leur vie de toute la Flandre. Ils se mirent en marche ; le choc fut violent, « pour le roi de France et pour ses gens. Bien il y eut des chevaliers et des écuyers morts ou blessés, car les Flamands, qui descendaient orgueilleusement et de grande volonté, venaient raides et durs et frappaient en avant de l'épaule et de la poitrine comme sangliers forcenés et ils étaient si forts entrelacés ensemble, qu'on ne pouvait ni les rompre ni les entr'ouvrir ».

Sous le poids de cette avalanche humaine notre front, renforcé avec tant de prévoyance, chancela cependant un instant. Il se ressaisit toutefois et l'action s'engagea brillante et confuse ; l'énorme masse flamande se vit soumise à des allées et venues à des mouvements d'offensive et de recul propres à la disloquer.

Le connétable de Clisson guettait l'instant favorable. Lorsqu'il vit l'armée ennemie devenir flottante il s'avança résolument (1). Les deux ailes, tenues jusque-là en retrait, se refermèrent comme les pinces d'un étau et pesèrent de tout leur poids sur les rangs flamands où la confusion commença de se mettre. Nos fantassins en profitèrent et s'efforcèrent d'ouvrir dans la carapace extérieure des brèches par où les lourds gendarmes pussent pénétrer et, à grands coups de poitrail, en disjoindre les éléments. « Tant se plongea entre Flamands, le vaillant duc Loys de Bourbon, qu'il fut « rué à terre et blécié. Mais tost fut secouru par les « bons chevaliers et escuyers qui se pressèrent à le « rédrécir en le soubtenant ». Tous nos chevaliers

(1) Ce sont les Bretons et les Picards qui entrèrent les premiers en bataille (*Chron. sommaire du vol. II*).

ne disposaient point d'un état-major complet d'assistants. Beaucoup furent entourés et tués, « ce qui fut dommage ».

·De ce tourbillon humain sortaient, paraît-il, des clameurs si sauvages, un bruit d'armes entrechoquées tellement terrifiant que la mémoire n'en est pas perdue dans le pays. Vers Langenmark existerait encore un tilleul, remplacé d'âge en âge, et nommé, de tradition constante, l'arbre de l'alarme. Les habitants, groupés à son pied, écoutaient le tumulte de la bataille. « Si tous les forgerons de Paris et de Bruxelles eussent été ensemble, faisant leur métier, ils n'eussent pas mené ni fait si grande noise » (1).

Cependant le désordre devenait extrême dans la formation flamande pressée de toutes parts. On s'y renversait ; on s'y écrasait ; on s'y étouffait. Soulevés par la pression, les combattants ne pouvaient plus remuer bras ni jambes. Ils trébuchaient les uns sur les autres ou perdaient le souffle. Bientôt Arteveld que l'on voyait au centre, monté sur un beau genêt d'Espagne, disparut à son tour. En moins de 3 quarts d'heure le connétable n'eut plus devant lui qu'une cohue sans nom ; ses dispositions et ses manœuvres étaient couronnées d'un plein succès. Et, une extraordinaire victoire, remportée en un temps très court, devint la juste récompense de son habileté.

Rompus définitivement, les malheureux Flamands s'éparpillèrent à travers la campagne et cherchèrent, dans les fourrés voisins et jusque dans Courtray par le Broël-Thoren, un asile insuffisant à les protéger : « Les Bretons et les Français les chassaient à travers

---

(1) *Chron. Liv. II*, § 343.

les fossés, les aulnaies, les bruyères : ici dix, ici vingt,
ici trente, et les combattaient derechef et les tuaient
s'ils étaient plus forts qu'eux. Les gendarmes les abat-
taient de toutes leurs forces... et leur donnaient de
grands horions. » Les futaies témoins de ce carnage
ferment au nord l'horizon visible du Goldenberg. Elles
portent le nom évocateur de bois des Misères.

Dans son langage plein de saveur Froissart assure que
la grande victoire remportée par Clisson fut « très honora-
ble et profitable pour la chretienté et pour toute noblesse
et gentillesse ». Elle fut décisive à tous les points de vue,
cela est certain. La bataille achevée, on laissa faire les
pourchassants et on sonna les trompettes de retraite.
Le camp fut assis dans l'Engelsveld, le pavillon royal,
de soie vermeille, au milieu. Le petit roi reçut les féli-
citations de ses barons, et manifesta le désir de voir
Philippe Arteveld. On fit crier partout une récompense de dix francs à qui donnerait des nouvelles du
Régent. La gratification était belle. Tous les valets de
courir, de scruter les tas de morts, hauts comme des
javelles ou réguliers ainsi que les files d'épis coupés (1).
Un ancien serviteur de Philippe le reconnuenfin, et
son cadavre livide et déjà violacé fut déposé devant le
roi. On le tourna et le retourna pour savoir si le régent
était mort de blessure, mais il n'en avait reçu aucune.
Il avait péri étouffé, « estains en la presse (2) ».

Le bon Froissart, natif de Valenciennes en Hainaut,
qui a consacré plusieurs pages captivantes à la mort du

----

(1) Les Flamands perdirent 26.000 hommes.
(2) *Chronique. Liv. II, § 343.*

premier des Arteveld, enregistra simplement celle du second sans s'apitoyer sur son sort. Notre adversaire infortuné du 20 novembre 1382 fut donc abandonné de tous. L'époque actuelle ne lui a pas accordé plus de pitié. Un cabaretier de Roosebeke cependant, suprême injure, fait servir son nom d'enseigne à son estaminet. C'est le seul monument épigraphique qu'on lui ait consacré.

Ils étaient cinq ouvriers dans cet établissement lorsque j'y entrais. Ils buvaient de ces grandes gouttes belges dénommées colbacqs, gendarmes ou veilleuses suivant qu'elles sont la deuxième puissance de la goutte simple ou qu'elles en contiennent cinq ou six.

Par une revanche de la morale plutôt que par un caprice du sort l'homme qui perdit son énergie et celle des siens dans des banquets offerts aux dames et aux demoiselles, préside donc encore aujourd'hui aux beuveries où s'usent peu à peu les forces de ses descendants. Au moins le triomphateur paraît-il devant la postérité dans une posture plus noble et plus digne de lui. S'il n'a pas non plus d'inscription lapidaire pompeuse ni de monument public rappelant à la foule ses rares vertus guerrières, au moins doit-il à la piété de ses descendants de revivre, en un cadre plein de magnificence, dans une effigie d'une singulière beauté.

C'est au cœur même de la Bretagne, dans le superbe château de Josselin, où il mourut, qu'il faut aller admirer la mâle figure, modelée par Frémiet, du troisième Breton qui sut porter, d'une main ferme, la lourde épée de connétable de France.

Vannes. — Imprimerie LAFOLYE.